Margret Rettich's

LESEBILDERBUCH

Jule Starts School

gondolino

There are many 

over there.

Jule lives in one of the .

She lives on the first floor on the left

side.

 are behind the .

There are   and a .

There is also a  and a .

Here Jule plays every day with the

other .

This is Jule.

Jule and the other  play in the  with their  , their  and  .

Or they play with a 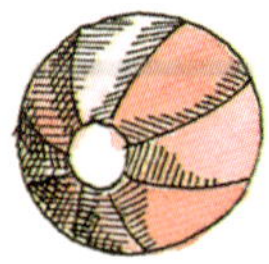 . Jule also has a  . And a  with three  .

Jule's Mummy often sits on a  with her  or with a  .

But only when the  shines. When it  , she opens her  .

And Jule jumps into the 

with her  . Jule is lucky.

SCHOOL

But now everything will change.

The  is

behind the 

and the .

It has many 

and a large 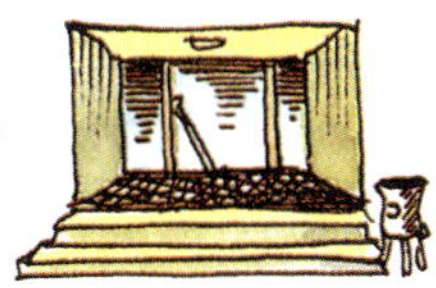.

Mummy must tear off another three

 from the  and  will

start for Jule.

Before the first schoolday Mummy

goes shopping with Jule. Jule gets a

, ,  and a  with

a , a 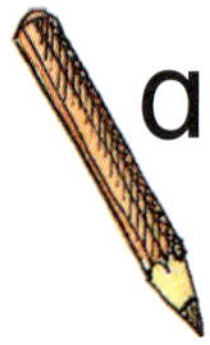 and a 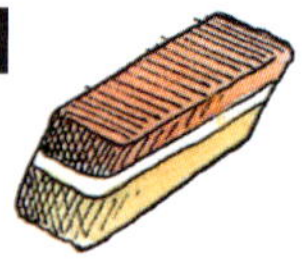.

Jule also gets a small  for her

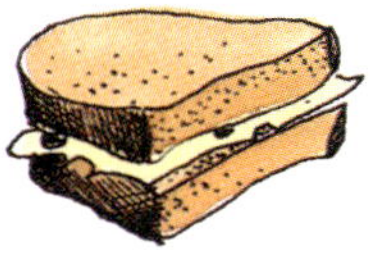 and her  .

She gets new  , a  ,

a yellow 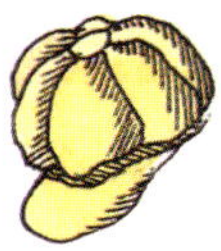 and new red 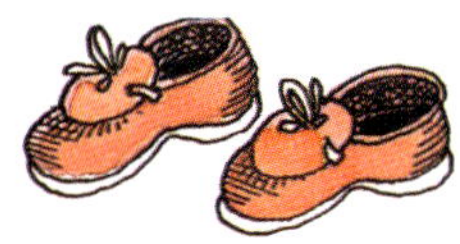 .

„What for?“ Jule asks.

Mummy says: „That’s all for

 .“

But Jule doesn’t want to go to

 . She wants to play with the

other  .

Jule with Daddy and Mummy.

Mummy must tear off only two more

 from the  . Jule sits with

Daddy and Mummy at  . They eat

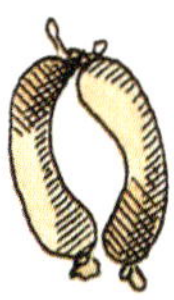 and 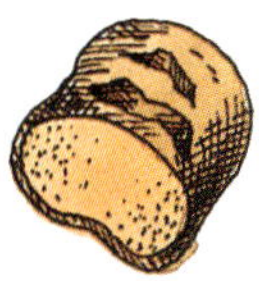 . Papa asks: „Are you

looking forward to  ?“

Jule says: „No, not at all.“

Mama says: „But you will learn how

to read  and to write  .“

Jule says: „I don’t want to. I prefer

to play 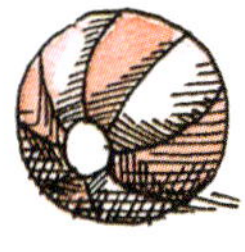 and to ride my  .“

Mummy tears off one more 

from the  .

Tomorrow Jule will start  .

Jule must go to 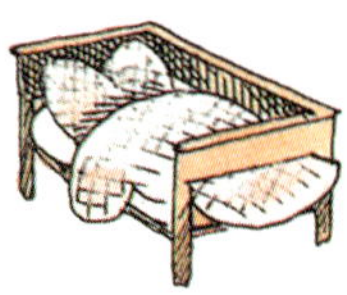 and sleep

early. Daddy looks at his 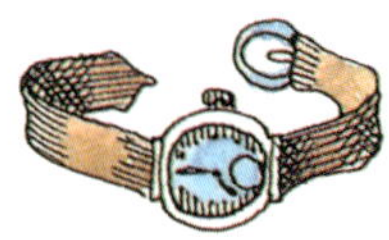 . But

Jule sits down in the 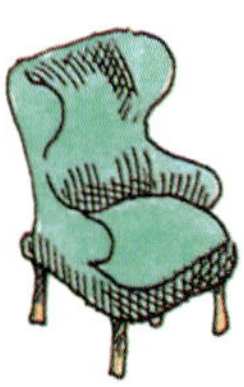 in front of

the  . Daddy and Mummy just take

Jule to  and close the  .

Jule is very angry.

Jule falls asleep and dreams:

She sits on a  and flies out of the . The 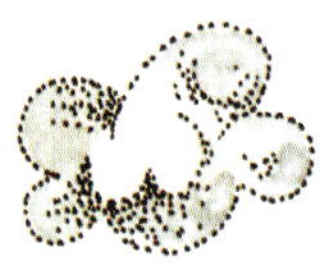 turns into a , it dances on the .

An  emerges out of the  .

Jule gets out of the  . She will

stay on the  for ever and will

never go to  .

There are high  on Jule's  .

Colourful  grow in the  . There are  ,  ,  and  . There is even a  .

It is quite tame. It only eats  .

Jule rides on the  around the  .  ,  and a  swim in the 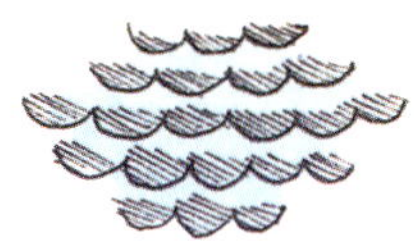 .

Jule lies in the  under the .

The  always shines. Jule thinks:

„I will never go to !“

Suddenly, she sees a  in the .

The  rolls just close to Jule's 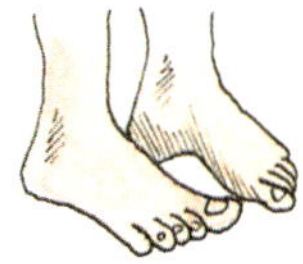 .

There is a  in the  . The 

is certainly from Daddy and Mummy.

Jule longs to see Daddy and Mummy.

She cannot read the  .

Quickly, Jule wants to write a  .

She wants to put the  into the  .

She wants to write: Daddy and

Mummy must come to Jule's  .

But Jule cannot write. So she will

not see Daddy and Mummy again.

Jule is very sad.

She sits down on the  and flies through the 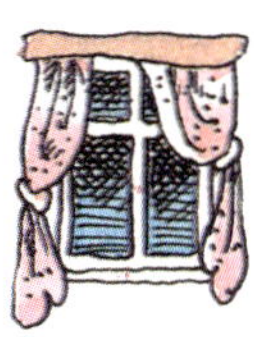 back to her 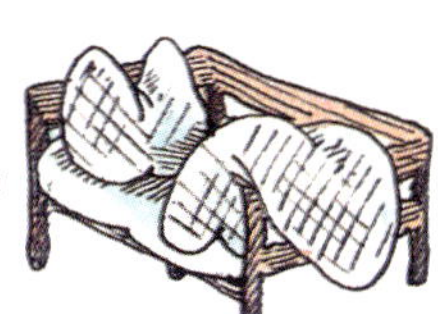 .

Mummy comes and says: „Get up, Jule.  starts.“ Jule puts on her new 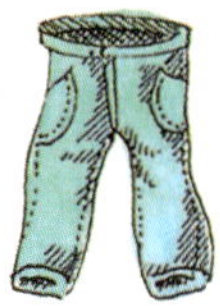, the 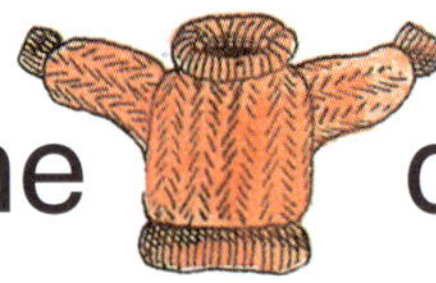 and the red 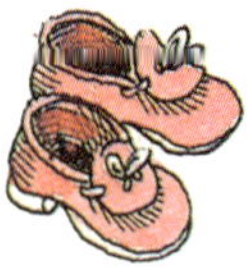. She puts on the yellow 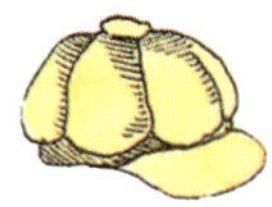. Mummy helps her put on her . The ,  and a  are in the . Jule will learn to read and to write now. A  and an  are in the small  because learning makes hungry.

Mummy takes Jule to  and waits

for her.

After  Jule gets a  with  and . A little  is at the bottom. Jule runs to the other  with her . They all get them some  and . Then they play with the little  in the 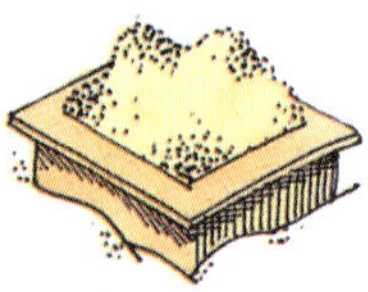.

And Jule says proudly: „Now I like going to .“

Mummy

Hier sind die Wörter zu den Bildern:

Schule
school

Haus
house

Baum
tree

Bank
bench

Eimer
bucket

Schaukel
swing

Schaufel
shovel

Kind
child

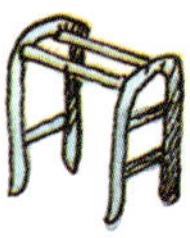
Klettergerüst
climbing frame

Förmchen
sandmould

Sandkasten
sandpit

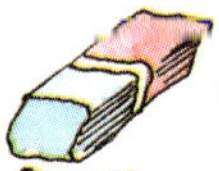
Radiergummi
rubber

Roller
scooter

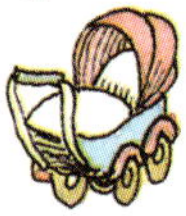
Puppenwagen
doll's pram

Puppe
doll

Strickzeug
knitting

Buch
book

Sonne
sun

Regen
rain

Pfütze
puddle

Gummistiefel
rubber boots

Kalender
calendar

Würstchen
sausage

Schultasche
school bag

Buntstifte
coloured pencils

Ball
ball

Füller
pen

Beutel
bag

Bleistift
pencil

Fenster
window

Blätter
leaves

Tisch
table

Brot
bread

Uhr
watch

Heft
exercise-book

Apfel
apple

Jeans
jeans

Pullover
sweater

Mütze
cap

Bett
bed

Sessel
armchair

Wolke
cloud

Boot
boat

Wellen
waves

Insel
island

Palme
palm

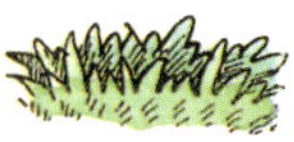
Gras
grass

Blume
flower

Fernseher
television

Schmetterling
butterfly

Vogel
bird

Elefant
elephant

Giraffe
giraffe

Löwe
lion

Schildkröte
turtle

Krokodil
crocodile

Fisch
fish

Flasche
bottle

Brief
letter

Auto
car

Zuckertüte
surprise bag

Bonbons
sweets

Keks
biscuit

Übersetzung

Seite 2: Dort stehen viele Häuser. In einem der Häuser wohnt Jule. Sie wohnt im ersten Stock, auf der linken Seite. Hinter den Häusern stehen Bäume. Es gibt Bänke und einen Sandkasten. Es gibt auch eine Schaukel und ein Klettergerüst. Hier spielt Jule jeden Tag mit den anderen Kindern.

Seite 3: Das ist Jule.

Seite 4: Jule und die anderen Kinder spielen im Sandkasten mit einer Schaufel, einem kleinen Eimer und mit Sandförmchen. Oder sie spielen mit dem Ball. Jule hat auch einen Roller. Und einen Puppenwagen mit drei Puppen. Jules Mama sitzt oft auf einer Bank mit dem Strickzeug oder mit einem Buch. Aber nur, wenn die Sonne scheint. Bei Regen spannt sie einen Schirm auf.

Seite 5: Und Jule springt mit Gummistiefeln durch alle Pfützen. Ja, Jule hat es gut.

Seite 7: Doch nun soll alles anders werden. Hinter den Häusern und den Bäumen steht die Schule. Sie hat viele Fenster und eine breite Tür. Mama muss noch drei Blätter vom Kalender reißen, dann kommt Jule zur Schule.

Seite 8: Vor dem ersten Schultag geht Mama mit Jule einkaufen. Jule bekommt eine Schultasche und Hefte und Buntstifte und ein Federmäppchen mit einem Füller, mit einem Bleistift und einem Radiergummi.

Seite 9: Jule bekommt noch einen kleinen Beutel für das Butterbrot und für einen Apfel. Sie bekommt auch neue Jeans und einen Pullover und eine gelbe Mütze und neue rote Schuhe. „Wofür?“, fragt Jule. Mama sagt: „Alles für die Schule.“ Aber Jule will nicht in die Schule. Sie will mit den anderen Kindern spielen.

Seite 10: Jule mit Papa und Mama.

Seite 11: Mama muss nur noch zwei Blätter vom Kalender reißen. Jule sitzt mit Papa und Mama am Tisch. Sie essen Wurst und Brot. Papa fragt: „Freust du dich auf die Schule?“ Jule sagt: „Nein, gar nicht.“ Mama sagt: „Aber du lernst doch da Bücher lesen und Briefe schreiben.“ Jule sagt: „Will ich nicht. Ich will viel lieber Ball spielen und Roller fahren.“

Seite 12: Mama reißt noch ein Blatt vom Kalender. Morgen kommt Jule zur Schule. Jule soll früh ins Bett und schlafen. Papa sieht auf die Uhr. Aber Jule setzt sich in den Sessel vor den Fernseher. Da tragen Papa und Mama Jule einfach ins Bett und machen die Tür zu.

Seite 13: Jule ist sehr wütend.

Seite 14: Jule schläft ein und träumt: Sie sitzt auf einer Wolke und fliegt aus dem Fenster hinaus. Die Wolke wird ein Boot, es tanzt auf den Wellen.

Seite 15: Aus den Wellen taucht eine Insel auf. Jule steigt aus dem Boot. Sie bleibt jetzt für immer auf der Insel und wird nie zur Schule gehen.

Seite 16: Auf Jules Insel stehen hohe Palmen. Im Gras wachsen bunte Blumen. Es gibt Schmetterlinge und Vögel und Elefanten und Giraffen. Es gibt sogar einen Löwen.

Seite 17: Der ist ganz zahm. Er frisst nur Blumen. Jule reitet auf dem Löwen rund um die Insel. Im Wasser schwimmen Fische und Schildkröten und ein Krokodil.

Seite 18: Jule liegt im Gras unter den Palmen. Immerzu scheint die Sonne. Jule denkt: „Ich gehe niemals zur Schule!“ Da sieht sie eine Flasche im Wasser.

Seite 19: Die Flasche rollt gerade vor Jules Füße. In der Flasche ist ein Brief. Der Brief ist sicher von Papa und Mama. Jule sehnt sich danach, Papa und Mama zu sehen. Sie kann den Brief nicht lesen.

Seite 20: Jule will schnell einen Brief schreiben. Sie will den Brief in die Flasche stecken. Sie will schreiben: Papa und Mama sollen auf Jules Insel kommen. Aber Jule kann ja nicht schreiben. Darum sieht sie Papa und Mama nie wieder. Jule ist sehr traurig.

Seite 21: Sie setzt sich auf die Wolke und fliegt durch das Fenster zurück in ihr Bett.

Seite 22: Mama kommt und sagt: „Aufstehen, Jule. Die Schule fängt an." Jule zieht die neuen Jeans, den Pullover und die roten Schuhe an. Sie setzt die gelbe Mütze auf. Mama hilft ihr die Schultasche umzulegen. In der Schultasche sind die Hefte, die Buntstifte und ein Buch. Jule lernt jetzt lesen und schreiben. Im Beutel stecken ein Butterbrot und ein Apfel, weil Lernen hungrig macht.

Seite 25: Mama bringt Jule zur Schule und wartet auf sie.

Seite 26: Nach der Schule bekommt Jule eine Zuckertüte mit Bonbons und Keksen. Ganz unten steckt ein kleines Auto. Jule rennt mit der Zuckertüte zu den anderen Kindern. Alle bekommen Bonbons und Kekse ab. Dann spielen sie im Sandkasten mit dem kleinen Auto. Und Jule sagt stolz: „Jetzt gehe ich gerne zur Schule."

Seite 27: Mama

Reihenlogo: Klaus Kögler
Coverillustration: Margret Rettich
Covergestaltung: Constanze Ordnung
Übersetzung: Andrea Stettler
ISBN 3-8112-2157-4

Der Umwelt zuliebe gedruckt auf chlorfrei gebleichtem Papier.